BEI GRIN MACHT SICH IHR WISSEN BEZAHLT

- Wir veröffentlichen Ihre Hausarbeit,
  Bachelor- und Masterarbeit

- Ihr eigenes eBook und Buch -
  weltweit in allen wichtigen Shops

- Verdienen Sie an jedem Verkauf

Jetzt bei www.GRIN.com hochladen
und kostenlos publizieren

Bibliografische Information der Deutschen Nationalbibliothek:

Die Deutsche Bibliothek verzeichnet diese Publikation in der Deutschen National-
bibliografie; detaillierte bibliografische Daten sind im Internet über http://dnb.d-
nb.de/ abrufbar.

Dieses Werk sowie alle darin enthaltenen einzelnen Beiträge und Abbildungen
sind urheberrechtlich geschützt. Jede Verwertung, die nicht ausdrücklich vom
Urheberrechtsschutz zugelassen ist, bedarf der vorherigen Zustimmung des Verla-
ges. Das gilt insbesondere für Vervielfältigungen, Bearbeitungen, Übersetzungen,
Mikroverfilmungen, Auswertungen durch Datenbanken und für die Einspeicherung
und Verarbeitung in elektronische Systeme. Alle Rechte, auch die des auszugsweisen
Nachdrucks, der fotomechanischen Wiedergabe (einschließlich Mikrokopie) sowie
der Auswertung durch Datenbanken oder ähnliche Einrichtungen, vorbehalten.

Impressum:

Copyright © 2015 GRIN Verlag
Druck und Bindung: Books on Demand GmbH, Norderstedt Germany
ISBN: 9783668707412

Philip Perlongo

Medizinische Versuche an Sinti und Roma während der nationalsozialistischen Herrschaft

GRIN Verlag

GRIN - Your knowledge has value

Der GRIN Verlag publiziert seit 1998 wissenschaftliche Arbeiten von Studenten, Hochschullehrern und anderen Akademikern als eBook und gedrucktes Buch. Die Verlagswebsite www.grin.com ist die ideale Plattform zur Veröffentlichung von Hausarbeiten, Abschlussarbeiten, wissenschaftlichen Aufsätzen, Dissertationen und Fachbüchern.

Besuchen Sie uns im Internet:

http://www.grin.com/

http://www.facebook.com/grincom

http://www.twitter.com/grin_com

Seminararbeit zum Thema

Medizinische Experimente an Sinti und Roma während der nationalsozialistischen-Herrschaft

im Rahmen des
SE Österreichisches Politisches System –Vertiefung:
Minderheiten und Volksgruppenpolitiken

Wintersemester 2014/2015

von

Perlongo Philip Victor

Inhaltsverzeichnis

Einleitung

Die vorliegende Arbeit setzt sich mit den medizinischen Experimenten an Sinti und Roma während der nationalsozialistischen Herrschaft auseinander. Im Rahmen dieser Arbeit wird einleitend auf die Unterschiede zwischen der Nationalsozialistischen-Ideologie und jener der Sinti und Roma eingegangen. Diese Erläuterung ist von großer Bedeutung, da diese Differenzen schließlich zu den medizinischen Experimenten während der Zeit des Nationalsozialismus führten. Die Arbeit basiert auf folgender Forschungsfrage: „Welche Art von medizinischen Experimenten wurden während der Zeit des deutschen Nationalsozialismus an der Sinti und Roma Bevölkerung durchgeführt?". Um diese Frage beantworten zu können wurden verschiedene Monographien herangezogen. Die Untersuchungen gehen spezifisch auf die medizinischen Experimente und deren schwere medizinischen Folgeschäden an Sinti und Roma ein. Eine wesentliche Bedeutung stellen auch die Stellung der Versuchspersonen und die Nachkriegszeit dar. Die Ergebnisse dieser Arbeit ermöglichen einen kleinen Einblick in die von den Nationalsozialisten grauenvollen durchgeführten medizinischen Experimente an Sinti und Romas.

1. NS-Ideologie gegenüber den Sinti und Roma

Die Ideologie der Nationalsozialisten war sehr einfach zu beschreiben. Für sie war die Verschiedenheit aller Menschen biologisch begründet. Das, was Zigeuner zu Zigeunern macht, liegt ihnen im Blut bzw. in den Genen. Aus diesem Grund durfte es keine rechtliche Gleichheit zwischen Sinti und Roma und der deutschen Bevölkerung geben. Man hatte Angst, dass sich die minderwertigen Sinti und Roma schneller als die hochwertigen Deutschen „vermehren". Folglich mussten minderwertige Zigeuner ausgeschalten, ausgemerzt oder sterilisiert werden. Andererseits wäre man selbst schuldig am Untergang der eigenen Kultur.

(Müller-Hill 1993: 26) Für die Nationalsozialisten waren die charakteristischen Merkmale der Sinti und Roma das Betteln, der Betrug und der Diebstahl. Sie wurden als vollkommen minderwertig angesehen und würden dem deutschen Volk nur finanziell zur Last fallen. Man brachte alle Zigeuner bewusst auf einem Nenner und sah in ihnen ein rassenpolitisches Problem. Für die Nationalsozialisten gäbe es die Rassenprobleme in Europa nur aufgrund von jüdischen Angehörigen und Zigeunern. Wer damals als Zigeuner galt wurde nach fünf Kriterien beurteilt: nach der Abstammung, nach den zigeunerischen Körpermerkmalen, einer Zugehörigkeit zu einer Sinti und Roma Sprachgemeinschaft, der Verbundenheit an die verschiedenen Stämme und nach Grad der Kriminalität. (Hohmann 1981: 112-114) Man bezeichnete Zigeuner als Tiere, wobei deren Verstand nur eine ganz kleine Rolle spiele. Alles was Sinti und Roma bewegt, ist ein tierhafter Trieb, ihr geistiger Horizont sei jedoch äußerst beschränkt. (Hohmann 1981: 154) Die nationalsozialistische Ideologie betonte, dass es den Sinti und Roma in den vergangenen Kriegen durch Betrugsmanöver, Simulationen, Entweichungen und Verstümmelungen gelungen wäre, sich dem Militärdienst zu entziehen. Innerhalb der verschiedenen Konzentrationslager gab es zwischen den Häftlingen große Rangunterschiede. Das Bild des primitiven Menschen, der sich in einer modernen Welt hilflos und ohne jegliche Möglichkeit, über sein eigenes Leben selbst zu entscheiden, war eines der vielen von dem Nationalsozialismus erzeugten Zigeunerbilder. Zusammen mit den Homosexuellen gehörten die Sinti und Roma zur niedrigsten Kaste. (Hohmann 1981: 157-162)

Schon im Jahre 1938 plante Heinrich Himmler eine Regelung der Zigeunerfrage für das ganze deutsche Reichsgebiet. Im Dezember 1938 erließ er einen Zigeunergrunderlass, wo er erklärte, dass die Zigeuner aus dem Wesen der Rasse herausgenommen werden müssen. (Hohmann 1981: 146)

2. Medizinische Versuche an Sinti und Roma

Sinti und Roma wurden zu Forschungsobjekten von Dr. Ritter und auch an einzelnen Universitätsinstituten. Dr. Ritter wurde vom Jahre 1937 bis zum Jahre 1944 massiv von der deutschen Forschungsgemeinschaft unterstützt. Er und seine Mitarbeiter arbeiteten an der anthropologischen Erfassung aller Sinti und Roma. Um die 30.000 Zigeuner galten zu erfassen und zu untersuchen. Die nationalsozialistische Ideologie sah eine Zigeunerfrage als gelöst, sobald alle Sinti und Roma in Konzentrationslager deportiert wurden und somit eine weitere Fortpflanzung dieser minderwertigen Bevölkerung unterbunden wurde. Nur dann sah man die kommenden Geschlechter des deutschen Volkes als wirklich befreit. Eine Durchsicht der vom Archiv herkommenden Karteien zeigten uns, dass Dr. Ritter und seine Mitarbeiter ca. 90 Prozent der Sinti- und Roma für das Konzentrationslager und für die Sterilisation als wichtig erachteten. (Müller-Hill 1993: 59-63) Die rassistische Vorstellung, vom arbeitsscheuen und asozialen Sinti und Roma, war für medizinische Experimente an Sinti und Roma in den Konzentrationslagern verantwortlich. (Zimmermann 1996: 349) In sehr vielen Vernichtungs- und Konzentrationslagern führten die SS-Ärzte medizinische Versuche an Sinti und Roma Häftlingen durch.

Die medizinischen Versuche an diesen Völkern wurden damit gerechtfertigt, dass somit schnellere Fortschritte und Lösungen für Probleme erzielt wurden. Die Sinti und Roma Opfer wurden als Rohstoff gehandelt und die Schmerzen und Leiden der Versuchspersonen wurden nie beachtet. Die medizinischen Experimente waren sozialpolitisch, ökonomisch sowie wissenschaftlich legitimiert.

Für die unterschiedlichen medizinischen Experimente wurden die besten verfügbaren Ärzte in den einzelnen Lagern herangezogen. Bei fast allen medizinischen Experimenten war eine enge Verbindung zur Pharma-Industrie ersichtlich, weil durch Menschenexperimente lange Versuchszeiten an Tieren vermieden werden konnten. (Thurner 1983: 180-186)

Die Experimente wurden meistens von Heinrich Himmler in Person angeordnet bzw. genehmigt. Der Chef des D III im SS-Wirtschafts-Verwaltungshauptamt, Ernst Lolling, hatte die Aufgabe, die verschiedenen Versuche an Sinti und Roma Häftlingen zu koordinieren.

Neben den militärischen und staatlichen Stellen waren es die SS-Ärzte selbst, die KZ Häftlinge als Versuchsmaterial anforderten. Dabei wurden sie immer wieder von der deutschen Forschungsgemeinschaft, welche auch die Zwillingsversuche Mengeles in

Auschwitz finanziell gefördert hatte.

Für die Opfer waren die medizinischen Versuche mit sehr starken Qualen verbunden. Die Sinti und Roma Häftlinge wurden von den SS-Ärzten gezwungen Giftgas einzuatmen, wurden mit Erregern infiziert oder mussten Operationen ohne jeglicher Narkose erleiden. Die wenigen Überlebenden, blieben ein ganzes Leben lang von den körperlichen und seelischen Verletzungen gekennzeichnet.

Nur sehr wenige verantwortliche Ärzte wurden nach dem Krieg zur Rechenschaft gezogen. (Romani 1999: 236)

Die medizinischen Versuche standen stark im Zusammenhang mit der von den Nationalsozialisten gewollten Bevölkerungsentwicklung. Es wurden hier zwei Ziele verfolgt: Erstens wollte man effiziente Methoden erforschen, die die sogenannten „minderwertigen Rassen" in ihrer Vermehrung einschränken würden. Zweitens wollte man somit die Vermehrung der eigenen „reinen nordischen Rasse" beschleunigen. Neben diesen beiden Motiven gab es natürlich auch noch kriegswichtige Versuche wie z.B. die Fleckfieberversuche oder der Versuch zur Trinkbarmachung von Meerwasser. (Thurner 1983: 191)

Medizinische Experimente in den Konzentrationslagern zielten aber auch auf den Schutz vor realen Bedrohungen denen die deutschen Soldaten im Krieg ausgesetzt sein konnten. Diese Versuche mit Fleckfieberimpfstoffen und die Trinkbarmachung von Meerwasser erfassen erneut, dass das Leben eines deutschen Staatsbürgers viel wertvoller sei als das eines sogenannten minderwertigen Zigeuners. Eine gesundheitliche Schädigung sowie eine Tötung durch verschiedenen medizinischen Versuche wurde von den Experimentierenden in Kauf genommen. (Zimmermann 1996: 351) Längerfristig überleben zu können, hing auch davon ab, ob man auf eine besondere Position kam, wie ein Posten in der Küche, in einer Werkstatt oder als Schreiber. Jene die nicht dieses Glück hatten an solche Posten zu gelangen, hatten eine Lebenserwartung von ein bis zwei Jahren. (Lewy 2001: 280)

2.1 Fleckfieberversuche

Das Experiment mit Impfstoff gegen Fleckfieber, sollte die SS-Truppen in Osteuropa vor dieser Epidemie schützen. (Zimmermann 1996: 351) Diese Versuche wurden während des Nationalsozialismus im Konzentrationslager von Buchenwald und Natzweiler durchgeführt. Da die Tierversuche keine ausreichenden und präzisen Auswertungen ermöglichten, nahm man Menschen für die Versuche her. (Thurner 1983: 192) Das Besondere des Experiment war es, dass sowohl Geimpfte wie auch nicht Geimpfte mit Fleckfieber infiziert wurden. Anfangs meldeten sich die Sinti und Roma-Häftlinge freiwillig, den man hatte ihnen Zusatzkost versprochen und eingeredet, dass die Impfungen völlig harmlos seien. Es dauerte nicht lange bis die Lagerführung die Versuchspersonen selbst bestimmen musste. (Zimmermann 1996: 351) Im Konzentrationslager von Buchenwald wurden um die 1.000 Personen für dieses medizinische Experiment herangezogen. Unter die 1.000 Personen befanden sich ca. 30 Zigeuner. (Thurner 1983: 192) Professor Rose, Chef der Abteilung Tropenmedizin am Robert-Koch-Institut sowie beratender Hygieniker des Sanitätswesens der Luftwaffe, wollte im Dezember 1943 ein Fleckfieber-Serum aus Mäuseleber an Sinti und Roma-Häftlingen erproben. Auf Diktat des SS-Wirtschafts-Verwaltungshauptamtes überstellte man ihm 30 Sinti und Roma. Während dieser von Professor Rose von 8. März bis 2.Juni 1944 durchgeführten Experimente, erkrankten fast alle Versuchspersonen. Später starben je drei Geimpfte und Nichtgeimpfte.

Nicht wie in Buchenwald dienten diese Fleckfieberversuche im Konzentrationslager von Natzweiler nicht der Erprobung bekannter Impfstoffe. Hier ging es vielmehr um ein neues Serum, das Professor Eugen Haagen, Lehrstuhlinhaber für Hygiene an der Reichsuniversität von Straßburg entwickelt hatte. Der Professor führte seine Versuche im Auftrag des Sanitätswesens der Luftwaffe sowie der Unterstützung des Reichsforschungsrates durch. Er wurde zudem auch von Heinrich Himmler, von dem SS-Wirtschafts-Verwaltungshauptamt und durch das Institut für Wehrwissenschaftliche Zweckforschung persönlich unterstützt. Am 7.November 1943 wurden etwa hundert Häftlinge aus dem Lagerabschnitt B II e in Auschwitz-Birkenau nach Natzweiler deportiert. Am 13.November kam es zu einer Besichtigung bezüglich einer Eignung für die geplanten Fleckfieberversuche von Professor Haagen. Professor Haagen schrieb an Professor Rose, der im Konzentrationslager von Buchenwald schon Fleckfieberexperimente durchgeführt hatte, dass leider jene Zigeuner sich in einem reduzierten Zustand befanden und schon 18 davon auf dem Transport gestorben waren. Mit dem Rest der Zigeuner war Professor Haagen auch nicht zufrieden, da ihr Zustand nicht dem eines normal ernährten deutschen Soldaten entsprach und somit mit ihnen keine Impfzwecke verwertet werden könnten. Jene Sinti und Roma-Häftlinge, die Ende Dezember des Jahres 1943 noch lebten, wurden nach Auschwitz-Birkenau zurück deportiert. Da Professor Haagen gegen das ihm im November 1943 geschickte Häftlingsmaterial protestierte, erhielt er an ihrer Stelle 90 neue Sinti und Roma-Häftlinge aus Auschwitz-Birkenau. Diese 90 Zigeunerhäftlinge hatten sich freiwillig gemeldet, da man ihnen einen Einsatz zu verschiedenen Aufbauarbeiten in Deutschland versprochen hatte. Die jetzt von Professor Haagen gewollten kräftigeren Häftlinge wurden in zwei Gruppen eingeteilt. 45 Sinti und Roma wurden dabei durch Hauteinritzung und die anderen 45 intramuskulär geimpft. Alle geimpften Zigeuner sind davon krank geworden oder bekamen hohes Fieber. Einige wurden sogar verrückt und starben wenige Tage danach. Bei diesem Experiment starben mindestens 29 Personen. Professor Haagen führte aber trotzdem seine Experimente in Natzweiler bis zur Auflösung des Konzentrationslagers im Sommer 1944 weiter. (Zimmermann 1996: 352-353) Laut Poulson, einem norwegischen Häftlingsarzt, der die Entwicklung der Krankheitssymptome verfolgten musste, waren die Bedingungen unter denen diese Art von medizinischen Experimenten stattfanden, grauenhaft.

(Lewy 2001: 295)

Wie zum Beispiel der Salzburger Karl Eberle der auch als Versuchsperson von Auschwitz-Birkenau nach Natzweiler deportiert wurde. Er erzählte, dass sie gleich nach der Ankunft im Lager in die Versuchsstation gebracht wurden. Es wurde gleich mit den Experimenten begonnen, aber an die Details wie die Versuchsdauer konnte er sich nicht erinnern. Er erinnerte sich nur an die Halluzinationen, die ihm diese Experimente verursachten.

Viele starben aber schon während der Deportation, denn man gab den Zigeunern nur für vier Tage Verpflegung mit, obwohl sie ganze vierzehn Tage unterwegs waren.

(Thurner 1983: 194-195)

2.2 Versuche zur Trinkbarmachung von Meerwasser

Die Versuche von Trinkbarmachung von Meerwasser, gingen auf die Lektüre von Heinrich Himmler, eines ins Deutsche übersetzten Artikel aus der amerikanischen Presse zurück. Hier war von einer Umwandlung von Salzwasser und Trinkwasser die Rede.

(Zimmermann 1996: 354)

Durch den Luftkrieg häuften sich ab dem Jahre 1941 die Fälle von Seenot im Mittelmeer und im Atlantik. Das größte Problem der Betroffenen war der große Durst. Der Auftraggeber dieser bestialischen Experimente war somit die deutsche Luftwaffe, denn sie suchten eine Methode, um über dem Meer abgeschossene Piloten mit Trinkwasser versorgen zu können. (Thurner 1983: 197) Heinrich Himmler wollte unbedingt, dass solche Experimente durchgeführt werden. Von der Luftwaffe erhielt Himmler die Auskunft, dass zwei Vorgehensweisen zur Trinkbarmachung von Meerwasser experimentiert werden können. Das erste Verfahren wo Salzwasser sich entsalzen lasse, hatte Dr. Konrad Schäfer vom Forschungsinstitut der Luftfahrtmedizin entwickelt. Das zweite Verfahren von dem Luftwaffeningenieur Berka (Berkatit) vorgeschlagene Mittel, vermochte nur den Geschmack des Salzwassers zu verbessern. Da man sich aber Ende Mai 1944 auf einer Sitzung zwischen Reichsluftfahrtministerium und Luftfahrtmedizinischem Forschungsinstitut auf keines der beiden Verfahren einigen konnte, entschloss man sich für neue Experimente. Eines dieser neuen Verfahren sah vor, dass Versuchspersonen zwölf Tage nur Berkatit zu sich nehmen. Nach der Auffassung des Chefs des Luftwaffen-Sanitätswesens Professor Oskar Schröder, sei bei diesen Experiment mit dauernden gesundheitlichen Schädigungen bzw. mit dem Tod zu rechnen. Deshalb sollten laut ihm dafür Leute genommen werden, welche seitens der SS zur Verfügung gestellt werden. Himmler entschied sich für die „minderwertige Rasse" der Zigeuner als Versuchspersonen für dieses Experiment. Im Anschluss daran, wurden die im Konzentrationslager von Buchenwald festgehaltenen Sinti und Roma-Häftlinge mit einer falschen Behauptung, es gehe um ein Arbeits-Kommando in das Konzentrationslager von Dachau deportiert. Unter den angelogenen Freiwilligen wählten die SS insgesamt 44 Personen aus, die erst nach der Deportation erfahren hatten, dass sie für ein medizinisches Experiment bestimmt waren.

(Zimmermann 1983: 354-355)

Der verantwortliche für diese Art von Experiment war Prof. Eppinger aus Wien, jedoch sollte sein Oberarzt, Prof. Beiglböck die Durchführung übernehmen. Prof. Beiglböck wollte nicht in einem Konzentrationslager arbeiten, aber gegen die Verwendung der Zigeuner hatte er nichts einzuwenden, denn sie galten für ihn als asozial. (Thurner 1983: 197) Der SS-Arzt Dr. Beiglböck führte dann im Sommer des Jahres 1944 in Dachau an Sinti und Roma Versuche zur Trinkbarmachung von Meerwasser durch. Bezüglich dieses Experimentes ließ er sogar eine eigene Forschungsstation einrichten. (Romani 1999: 250)

Die Sinti und Roma-Häftlinge wurden in vier Gruppen eingeteilt, von denen eine Gruppe dursten und hungern sollte, währen die anderen drei Gruppen mit Seenotproviant versorgt wurden, aber unterschiedliches Wasser wie reines Meerwasser und Berkatit zu sich nehmen mussten. Die Experimente gingen bis zu zehn Tagen, und jene Zigeunerhäftlinge die Meerwasser oder Berkatit trinken mussten, bekamen am Anfang alle Durchfall. (Zimmermann 1996: 355) In dieser Zeit wurden den Zigeunerprobanden Blut entnommen und sie wurden auch einer Leberpunktion unterzogen. (Lewy 2001: 289) Sie magerten durch den Versuchen alle stark ab, bekamen hohes Fieber und schafften es dann schließlich nicht mehr auf den eigenen Beinen zu stehen. Manche Sinti und Roma-Häftlinge hatten so stark Durst, dass sie sich in unbeobachteten Momenten auf Eimer stürzten die mit Putzwasser gefüllt waren oder sogar verschiedene Putzlappen aussaugten. (Zimmermann 1996: 356) Verschiedene Zeugen berichteten, dass man Schwerkranke und sterbende Menschen aus der Versuchsstation ins Krankenrevier brachte, um Todesfälle bei diesen Experimenten zu verheimlichen. (Romani 1999: 250) Es gibt aber keine Belege darüber, ob Sinti und Roma-Häftlinge an den Folgen dieser Versuche gestorben sind, bzw. ob gesundheitliche Schäden durch die Meerwasserexperimente bei den Häftlingen aufgetreten sind. Aus den Akten geht aber hervor, dass die Gefährlichkeit bei der Durchführungsdauer bekannt war und es zu Todesopfern kommen konnte. Jedoch mussten die während den Experimenten gemachten Aufzeichnungen ein negatives Bild erscheinen lassen, sodass der Dr. Beiglböck, vor dem Prozess Radierungen machte. Beiglböck gab erst nach langem Leugnen zu, dass er Radierungen vorgenommen hatte. (Thurner 1983: 201)

2.3 Phosgen- Versuche

Im Konzentrationslager von Natzweiler führte Professor Otto Bickenbach Phosgen-Versuche durch. Er glaubte mit dem für Gasmaskenfilter verwandten Urotropin ein Vorbeugemittel, gegen Erstickungserscheinungen entdeckt zu haben. Als im Jahre 1943 die SS-Führung glaubte, dass die westlichen Alliierten einen Einsatz von Phosgengas planten, stimulierte Bickenbach mit seinen Forschungen die Aufmerksamkeit von Heinrich Himmler. Am Anfang führte er einen Selbstversuch sowie Versuche mit Tieren durch. Später setzte er 24 Konzentrationslagerhäftlinge, die durch Urotropin geschützt gewesen sind, dem Gas aus. Laut dem Professor Bickenbach hatte keine Person einen ernsthaften

Gesundheitsschaden davongetragen. Im Sommer des Jahres 1944 wurden Häftlinge des Konzentrationslagers von Natzweiler für diese Experimente herangezogen. Dabei handelte es sich um Sinti- und Roma im mittleren Lebensalter und fast alle in sehr schlechtem Ernährungs- und Kräftezustand. Dabei wurden vier Zigeuner für dieses Experiment herangezogen. Einer wurde oral, der zweite intravenös geschützt, der dritte erhielt eine intravenöse Injektion nach der Vergiftung und der vierte blieb ohne jegliche Behandlung. Alle vier wurden in eine Kammer gesteckt, in der eine Ampulle mit 2,7g Phosgen zerschmettert wurden. Die vier Sinti und Roma-Häftlinge blieben für 25 Minuten in dieser Kammer. Der intravenös geschützte Zigeuner blieb dabei gesund, während der oral Geschützte anfangs ein leichtes Lungenödem und später Pleuritis bekam. Den Zigeuner dem erst nach dem Experiment eine Injektion verabreicht wurde, litt unter einem schweren Lungenödem. Zirko Rebstock, jener Zigeuner der in die Kammer ungeschützt hineingesteckt wurde, starb nach nur wenigen Stunden. Die Phosgenkonzentration wurde von Versuch zu Versuch gesteigert, sodass beim letzten Experiment auch noch die restlichen drei der vier genötigten Sinti und Roma-Häftlinge starben. (Zimmermann 1996: 353-354) Nach dem Krieg behauptete Professor Bickenbach vor dem französischen Militärgerichtshof, dass die Art von medizinischen Experimenten von Heinrich Himmler angeordnet worden sind und er selbst nur an ihnen teilgenommen habe, weil er dazu gezwungen wurde und er Schlimmeres vermeiden wollt. Einige Sinti und Roma-Häftlinge, die die medizinischen Experimente überlebt hatten, haben Aussagen gemacht, die den Aussagen von Professor Bickenbach völlig widersprachen. (Lewy 2001: 296)

2.4 Erbbiologische Forschungen

Der im Jahre 1911 geborene Dr. Mengele, erwarb im Alter von 24 den Doktortitel in München im Fach Anthropologie. Im Jahre 1938 wurde er Assistent bei dem Genetiker Otmar von Verschuer am Frankfurter Institut für Erbbiologie und Rassenhygiene. Als der Genetiker Verschuer im Jahre 1942 Direktor des Kaiser-Wilhelm-Institut in Berlin wurde, folgte ihm Mengele und setzte dort seine Zwillingsforschungen fort. (Lewy 2001: 256-266) Von diesen erbbiologischen Untersuchungen die der Dr. Josef Mengele durchführte, waren besonders die Sinti und Roma betroffen. (Thurner 1983: 202) Dr. Josef Mengele wollte auf eigenen Wunsch nach Auschwitz-Birkenau, da er dort in ausreichender Menge Menschenmaterial für seine Rassenversuche hatte.

(Thurner 1983: 184)

Die Arbeit die Dr. Mengele in Auschwitz durchführte war durch den Bericht seines jüdischen Sklaven-Assistenten Dr. Nyiszli und anhand weiterer Zeugenaussagen leicht rekonstruierbar. Als Dr. Mengele nach Auschwitz kam, wurden gerade die Sinti und Roma im Lagerabschnitt B II e eingeliefert. Alle Sinti und Roma-Häftlinge wurden von den Mitarbeitern des Dr. Mengele anthropologisch untersucht. (Müller-Hill 1993: 72)

Dr. Mengele trat den Häftlingen im Zigeunerlager freundlich entgegen, ließ sich von ihnen als Vater oder Onkel anreden und verteilte Süßigkeiten an Kinder. Er gründete auch in den Baracken 29 und 31 des Zigeunerlagers einen Kindergarten, wo mehr als hundert Kinder bis zum sechsten Lebensjahr von acht Uhr morgens bis um vierzehn Uhr von mehreren ausgewählten Zigeunerinnen betreut wurden. (Zimmermann 1996: 349-350) Für eine kurze Zeit erhielten hier die Sinti und Roma-Kinder auch Milch, Butter, Weißbrot, Fleischbrühe und Marmelade. Die Wände wurden alle mit bunten Bildern dekoriert, worauf Märchenszenen abgebildet waren und es wurde auch ein Spielplatz mit Sandkasten und anderen Spielgeräten errichtet. Dieser Kindergarten diente als ein Vorzeigeprojekt für die Nationalsozialistische-Propaganda, welcher oft Besuch von SS-Offizieren und verschiedenen Zivilbeamten bekam, die die Zigeunerkinder filmten und fotografierten. In Realität diente dieser Kindergarten aber nur als Reservoir von Sinti- und Roma-Kinder für die medizinischen Experimente des Dr. Mengele. (Lewy 2001: 268)

Am 25. Mai 1943 ließ Dr. Mengele 1.035 Sinti und Roma vergasen, weil unter ihnen Flecktyphusverdächtige waren. Dass Mengele dieser Fleckfieberepidemie im Sinti und Roma-Lager mit unmenschlichen Methoden vernichten wollte, zeigt uns wie wenig das Leben eines Zigeuners damals wert war. (Hohmann 1981: 157-159)

Ab Juni 1943 wurde er dann Lagerarzt im Abschnitt B II e, dem sogenannten „Zigeunerlager". Er führte in Auschwitz-Birkenau Selektionen bei den ankommenden Sinti und Roma Häftlingen durch. Tausende von ihnen schickte er direkt in die Gaskammer. Sein größtes Interesse waren die eineiigen Zwillingskinder, an denen er unmenschliche Versuche durchführte. Er wollte den Nachweis erbringen, dass ganz spezifische Rassenmerkmale von Generation zu Generation vererbt werden. (Romani 1999: 240) Faktisch diente der von Mengele gegründete Kindergarten den medizinischen Experimenten, denen er 60 Zwillingspaare unter seiner Aufsicht stellen konnte, die er somit beobachten und am Ende ermorden konnte. (Zimmermann 1996: 350)

Seine Assistentin, die polnische Gefangene und Anthropologin Martyna Puzyna, hat nach eigenen Aussagen, Messungen an über 250 Zwillingspaaren durchgeführt. Die

Gesamtzahl, der in den medizinischen Experimenten einbezogenen Zwillinge, war sicherlich viel größer. (Lewy 2001: 266) Mengele tötete öfters auch Sinti und Roma-Zwillinge eigenhändig, um ihre Leichen sezieren zu können. Er verfügte über unbegrenzte Forschungsmöglichkeiten, denn er war der einzige Forscher von Zwillinge der seine Opfer am gleichen Tag sezieren konnte. (Romani 1999: 240). Nach dem Tod der Sinti und Roma wurden sie auch von Dr. Nyiszli seziert. Seine Aufgabe war es die Organe von möglichen wissenschaftlichen Interesse aufzubewahren, sodass Dr. Mengele sie dann untersuchen konnte. Jene Organe die das Institut interessieren konnten, wurden in Alkohol fixiert. Diese Organteile wurden besonders gut verpackt, um durch die Post verschickt werden zu können. Dr. Nyiszli besagte in seinem Buch, dass er jede Menge solcher Teile mittels Post an das Institut schickte. (Müller-Hill 1993: 73) All diese Pakete waren als kriegswichtig und als sehr eilig vermerkt, so dass sie mit Vorrang befördert wurden. (Lewy 2011: 268) Sein Sektionssaal und sein Labor befanden sich im Haus des Krematoriums II und waren mit den besten und modernsten Apparaten ausgestattet. Seine Aufgabe war es in den verschiedenen Sektionsprotokollen verschiedene Krankheiten als Todesursache einzutragen. (Lewy 2001: 266) Mengele wurde vom Kaiser-Wilhelm-Institut und der deutschen Forschungsgemeinschaft für die Durchführung seiner Projekte finanziert. Er experimentierte mit Farbpigmenten, ließ Proportionen feststellen, entnahm verschiedenen Sinti und Roma Blut und injizierte ihnen verschieden Seren und Viren. Mengele war sehr unzufrieden mit Schwarz-Weiß-Aufnahmen von Sinti und Roma-Häftlingen, da anhand dieser ihre Hautfarbe nicht angemessen wiedergegeben wurde. (Zimmermann 1996: 350) Einige Gewebeproben und Leichenteile wurden sogar an das Kaiser-Wilhelm-Institut für Anthropologie nach Berlin geschickt, welches sich mehrmals für die geschickten Teile schriftlich bedankte. Der Direktor des Kaiser Wilhelm-Institut für Anthropologie in Berlin, Prof. Otmar von Verschuer, war Mengeles früherer Lehrer. Einmal ließ Mengele sogar eine achtköpfige Familie töten, nur um die verschiedenfarbigen Augenpaare der Roma-Familie in das Institut zu senden. (Romani 1999: 240) Dr. Mengele fuhr auch öfters nach Berlin, um über den Fortgang seiner Forschungen seinem Lehrer berichten zu können. Dr. Nyiszli beschrieb in seinem Buch, dass er die Augen von vier, durch Dr. Mengele Injektionen getöteten Zigeunerzwillingen, an das Institut schicken musste. (Müller-Hill 1993: 72-73) Im Zigeunerlager befanden sich über 60 Paar Zwillinge im Alter von zwei bis vierzehn Jahren. Fast alle Zwillinge wurden mit Injektionen getötet, so dass am ersten August 1944 nur mehr sieben Paar übrig blieben. (Thurner 1983: 202) Laut dem Hauptbuch des Zigeunerlagers war zu entnehmen, dass ca. 6.000 Kinder unter dem vierzehnten Lebensjahr in dem Konzentrationslager deportiert wurden. Darunter 363 Kleinkinder, die dort zur Welt gekommen sind. Im Sommer des Jahres 1943 trat im Sinti und Roma-Lager die Krankheit Noma (Wasserkrebs) auf. Kinder und Jugendliche waren am schwersten von dieser Krankheit betroffen. Die Symptome dieser Krankheit sind Geschwüre im Gesicht und im Mund und Löcher in den Wangen. Die Hauptursache der Krankheit damals war die Entkräftung aufgrund der Unterernährung. Alle Zigeunerkinder waren damals nur mehr Haut und Knochen. (Lewy 2001: 269)

Nur jene Kinder, die im Zigeunerlager an Noma litten, hatten eine längere Überlebenschance, denn der Dr. Mengele wollte diese Krankheit besser und länger erforschen. Es wurde sogar im Zigeunerlager dafür eine Noma-Abteilung eröffnet, in der ca. 45 Zigeunerkinder stationiert wurden. Was mit den Kindern der Noma-Abteilung geschah konnte nicht festgestellt werden, man glaubte, dass auch sie ihren Tod im Krematorium gefunden haben. (Thurner 1983: 203-204)

Dr. Mengele interessierte sich aber auch für die Physiologie und Pathologie der Kleinwüchsigkeit und für Kleinkinder mit Missbildungen. Während der stundenlangen Messungen, mussten die Sinti und Roma-Kinder nackt in einem ungeheizten Raum stehen. Er machte sehr häufig Fotos von diesen Zigeunerkindern und ließ eine jüdische Gefangene, die Malerin Dina Gottlieb, Zeichnungen von Einzelnen und deren Körperteilen anfertigen. (Lewy 2001: 266)

Die Forschungen des Dr. Mengele im Konzentrationslager Auschwitz-Birkenau stellten eine schräge Mischung aus Wissenschaft und ideologischer motivierter Pseudowissenschaft dar. Er war der klassische Nationalsozialistische-Wissenschaftler der absolut keine Skrupel hatte und Menschenleben in vollem Umfang für seine medizinischen Experimente nutzte. Die Leichtigkeit, mit der er Menschen tötete, um sie sezieren zu können, entsprach vollkommen seinem Ruf als einem der fanatischsten und rücksichtslosesten SS-Ärzte der damaligen Zeit. Einige der Überlebenden Zigeunerkinder berichteten später dann, dass er sich gegenüber körperlichen Schmerzen gleichgültig gezeigt hätte oder sogar von ihnen fasziniert gewesen sei.
(Lewy 2001: 270)

2.5 Serologische Versuche

Die serologischen Versuche waren ein Element der Rassenforschung und wurden auch bei Zigeunern durchgeführt, um den Unterschied zum „arischen Blut" zu verdeutlichen. Dr. Fischer der damit schon Erfahrungen durch Experimente mit gefangenen Schwarzhäutigen hatte, wurde mit dieser Aufgabe betraut. Im Jahre 1942 begann er diese Versuche mit 40 Zigeunern. Fischers Versuche waren aber abgebrochen worden. Dies galt als typisch für das Verhalten der Nationalsozialisten, all jene Projekte die nicht den gesetzten Hoffnungen entsprachen, wurden abgebrochen. (Thurner 1983: 204-205)

2.6 Sterilisationen

Das Ziel dieser Forschungen sollte eine schnelle und billige Methode zur Unfruchtbarmachung jener Völker, die für die biologische Vernichtung vorgesehen waren, hervorbringen. Dieses Forschungsprojekt bei denen folgenschwere Eingriffe vorgenommen wurden, hatte gegenüber anderen Experimenten eine absolute Priorität. (Thurner 1983: 206)

Viele Sinti- und Roma wurden vor die Entscheidung gestellt, entweder sie stimmten der eigenen Sterilisierung zu um vorläufig in Freiheit zu bleiben, oder sie wurden von ihren Familien getrennt und in ein Konzentrationslager deportiert. (Hohmann 1981: 140)

Heinrich Himmler wurden verschiedene Vorschläge zu einer Massensterilisation vorgeschlagen, denn er war an einer billigen und schnellen Sterilisationsmethode gegen jene die er als Feinde des Deutschen Reiches einstufte, interessiert. (Zimmermann 1996: 356) Die operative Sterilisation war viel zu arbeitsaufwendig, deshalb wurden verschiedene Möglichkeiten des Ersatzes diskutiert und getestet. (Müller-Hill 1993: 65)

Im Mai des Jahres 1939 errichtete die SS in Ravensbrück ein großes Frauen-Konzentrationslager. Dieses war das einzige im Dritten Reich das ausschließlich für Frauen errichtet wurde. Das Konzentrationslager entstand 85 Kilometer nordwestlich von Berlin und ca. 45 Kilometer entfernt vom Männerkonzentrationslager von Sachsenhausen. In Ravensbrück waren Häftlinge aus über 27 Ländern vertreten. Die Sinti und Roma-Frauen machten hier etwa sechs Prozent aus. Man schätzt, dass im Laufe der Zeit unter den gesamten 132.000 weiblichen Häftlingen etwa 10.000 Sinti und Roma-Frauen gewesen sind. (Hohmann 1981: 159-160)

Wenige Wochen nach der Errichtung des Konzentrationslagers wurden die ersten Sinti und Roma-Frauen aus dem Burgenland mit ihren Kindern dorthin deportiert. (Müller-Hill 1993: 65) Es handelte sich hier um 440 eingelieferten Sinti und Roma-Frauen aus dem Burgenland. (Lewy 2001: 293)

In diesem Konzentrationslager führten die SS-Ärzte bis kurz vor Kriegsende Zwangssterilisationen an Sinti und Roma-Frauen durch. Hier hatte Prof. Carl Clauberg mit dem Einverständnis Himmlers in Auschwitz-Birkenau ein grausames Verfahren an den Sinti und Roma-Frauen angewendet. Ohne jede Art von Betäubung, wurden den Frauen ätzende Flüssigkeiten in den Unterleib gespritzt. (Romani 1999: 268) Bei den ätzenden Flüssigkeiten handelte es sich um der Einspritzung von Formaldehyd. (Müller-Hill 1993: 65)

Nach der Räumung des Konzentrationslagers von Auschwitz-Birkenau durch die SS, verlagerte Prof. Carl Clauberg seine Experimente um die Jahreswende von 1944/1945 in das Konzentrationslager von Ravensbrück. Unter den Versuchspersonen der Sterilisationsexperimenten waren auch Mädchen unter zehn Jahren. (Zimmermann 1996: 357) Auch über diese Eingriffe sollten Sinti und Roma Opfer nicht davon in Kenntnis gesetzt werden. Der Mitarbeiter von Clauberg war Dr. Gebel, ehemaliger Chefchemiker der Shering-Werke. Dr. Gebel stellte die Kontrastflüssigkeit zusammen, die den Sinti und Roma eingespritzt wurde. Diese Experimente waren für die Opfer sehr schmerzhaft und gefährdeten ihre Gesundheit sehr stark. Bei vielen Sinti und Roma-Frauen kam es zu Entzündungen, welche Frauen oft für Monate ans Bett fesselten. In manchen Fällen verursachten diese bestialischen Experimente auch den Tod. Auch jene Leichen wurden seziert und für Forschungszwecke verwendet. Diesen unmenschlichen Behandlungen fielen etwa 140 Zigeuner zum Opfer, darunter auch Kinder. (Thurner 1983: 210-211) Etwa zehn davon starben an Bauchfellentzündungen oder an anderen Folgen der Eingriffe. Jene Sinti und Roma-Häftlinge die überlebten, leiden heute noch an starken Schmerzen. (Zimmermann 1996: 357) Wie zum Beispiel die zwölfjährige Else F. die gleich nach der Sterilisation nach Bergen-Belsen deportiert wurde und überlebte. Der erlittene Schock und die physische wie auch psychische Schädigung waren unermesslich, wie sie selbst im Jahre 1987 berichtete. (Lewy 2001: 294)

In den Jahren 1944 und 1945 nahm die Zahl der in Konzentrationslager von Ravensbrück sterilisierten Sinti und Roma stark zu. Bereits schon im Jahre 1943 hatte der Professor Clauberg es für möglich gehalten, dass er mit zehn Mitarbeiter täglich ca. 1.000 Zigeuner sterilisieren könnte. (Hohmann 1981: 158)

Man versprach den Sinti und Roma-Häftlingen die Freiheit, wenn sie sich bereit erklären, sich sterilisieren zu lassen. Die Wahrheit war aber eine Andere, denn acht Tage nach den Eingriffen, die ohne Betäubungsmittel durchgeführt wurden, mussten Sinti und Roma wieder zur Zwangsarbeit. Auch hier gab es wieder viele Opfer zu beklagen. (Thurner 1983: 210-211) Einige der politischen Häftlinge warnten die Zigeunerfrauen vor den Sterilisierungen und den falschen Versprechen, jedoch war die Sehnsucht nach der Familie bei ihnen so groß, dass sie ihre schriftliche Einwilligung gaben. Sie versuchten der SS zu glauben und bezahlten schlussendlich mit ihrem eigenen Leben.

(Hohmann 1981: 166)

Das Konzentrationslager von Ravensbrück war nicht nur bekannt der durchgeführten Sterilisationen nach der Methode von Professor Clauberg, sondern auch wegen der operativen Unfruchtbarmachungen von Sinti und Roma-Frauen. Es kam auch zu Schwangerschaftsabbrüchen bis in den neunten Monat, zu Kindestötungen sowie zur Erschießung von Sinti und Roma-Frauen. (Zimmermann 1996: 357-358)

Der SS-Arzt Dr. Horst Schumann missbrauchte Sinti- und Roma-Mädchen in Ravensbrück für Sterilisationsexperimente mit Röntgenstrahlen, die er zuvor in Auschwitz schon durchgeführt hatte. (Romani 1999: 268) Einige dieser Frauen und Mädchen sind sogar an den Folgen der hohen Strahlendosis gestorben. (Zimmermann 1996: 357)

Die Sinti und Roma Opfer mussten zu diesem Zweck hinter einen Schalter gehen, Fragen beantworten oder Formulare ausfüllen, während die Beamten die Apparaturen betätigten. Entscheidend für ihn war, dass diese Methode schnell und unbemerkt durchführbar war. Die Folgeschäden und die Nebenerscheinungen wie z.B. die Schädigung des Körpergewebes und verschiedene Verbrennungserscheinungen durch die starken Bestrahlungen, wurden völlig ignoriert. Man erhoffte sich dadurch die Realisierung der geplanten Massensterilisation. Die durchgeführten Versuche von Dr. Schumann, brachten aber nicht die gewünschte Kastration des Mannes. Um zu Ergebnissen zu gelangen, wurden den Sinti und Roma-Männer vier Wochen nach den Versuchen die Hoden entfernt. (Thurner 1983: 208-209) Dazu kam es in Männerlager von Ravensbrück Anfang des Jahres 1945 auch zu Sterilisierungen. Verantwortlich dafür war Dr. Franz Lucas der eine große Anzahl der 213 deutschen und österreichischen Sinti und Roma, die davor in der Wehrmacht an der Front kämpften, sterilisierte. (Zimmermann 1996: 358) Man hatte ihnen hier die Freiheit versprochen, falls sie der Sterilisation zustimmen würden.

Im Auschwitz-Birkenau-Prozess gab Dr. Lucas zu, nur drei solcher Eingriffe getätigt zu haben, die Anderen, erklärte er, seien nur vorgetäuscht worden. Nach der Sterilisation bekam die Sinti und Roma-Männer jedoch nicht ihre Freiheit zurück, sie wurden lediglich in das Konzentrationslager von Sachsenhausen deportiert. (Lewy 2001: 294)

Mit den Sterilisierungen von Sinti und Roma verletzten die Verantwortlichen das geltende Recht. Nach dem deutschen Strafgesetzbuch war der Verlust einer Zeugungsfähigkeit als gewollte Folge schwerste Körperverletzung, die eine Zuchthausstrafe von zwei bis zehn Jahren bedeutete. Nach dem österreichischen Recht waren die Strafen mit fünf bis zehn Jahren Haft noch strenger. Hier waren Eingriffe im Geschlecht eines Menschen auch dann rechtswidrig, wenn sie von einer Person verlangt werden. Nach dieser Rechtsgrundlage mussten auch jene Sterilisierungen, die mit freiwilligen bzw. erpressten Einverständnissen durchgeführt wurden, als strafbar gelten. Der Rechtsbruch ist noch klarer, wenn Sterilisierungen durch versteckte Röntgenapparaturen vorgenommen wurden. Die von den Nazis durchgeführten Sterilisierungen widersprachen also dem nationalen Recht. Im Jahre 1934 wurde in Deutschland über 60.000 Sterilisierungen vollzogen und bis zum Jahre 1945 fielen diesen Experimenten 350.000 Personen zum Opfer. (Thurner 1983: 213-214)

3. Folgeschäden der medizinischen Versuche an Sinti und Roma

Ab dem April vom Jahre 1943 durften außerhalb der Lager keine Sinti und Roma mehr leben, die nicht sterilisiert waren. Wenn ca. die Hälfte der österreichischen Zigeuner der nationalsozialistischen Herrschaft überlebt hätten, so wäre ein Großteil dieser Überlebenden sicher durch medizinische Experimente gekennzeichnet. Viele sterilisierte Sinti- und Roma konnten die Tragweite des Eingriffs erst später realisieren, da sie zum Zeitpunkt der Sterilisation noch Kinder waren. Andere waren Opfer der unbemerkten durchgeführten Röntgensterilisationen. Um zu besseren Ergebnissen zu kommen hatten SS-Ärzte, den Sinti und Roma-Häftlingen die Hoden entfernt. Andere wurde durch die Verbrennungen der Röntgenstrahlungen das Körpergewebe zerstört.

Die Sinti und Roma waren schon immer stark familienorientiert und daher hatte die Fruchtbarkeit einen großen sozialen Wert. Durch die Anzahl der Kinder wurde das Ansehen der Familie innerhalb der Zigeunergemeinschaft bestimmt. Die Kinder sind hier für den Mann noch wichtiger als für die Frau. Ein Mann der keine Kinder zeugen konnte wurde in der Gemeinschaft nicht akzeptiert. Daraus folgte eine soziale Isolierung und bei vielen Betroffenen Sinti und Roma entwickelten sich psychische Störungen. Verschiedene Untersuchungen bei Zwangssterilisierten verdeutlichten, dass keiner von ihnen ohne erhebliche seelische Verletzungen davonkam. Solche seelische Störungen beeinflussten natürlich auch die äußere Lebensführung des Individuums, wie z.B. den Erfolg im Erwerbsleben.

Über Spätfolgen klagten auch andere Konzentrationslager-Häftlinge die für andere medizinischen Experimenten herangezogen wurden. Bei einem Großteil der damals Inhaftierten Sinti und Roma hatte die Konzentrationslager-Haft schädliche Spuren hinterlassen. Viele kehrten krank nach Hause zurück, wurden nie mehr völlig gesund und starben teilweise auch in jungen Jahren. (Thurner 1983: 215-219)

Die Zahl der Sinti und Roma, die während des Nationalsozialismus zwangssterilisiert wurden, wird auf ca. 500 geschätzt. Die Zahl der Sinti und Roma die innerhalb der Konzentrationslager sterilisiert wurden, wird auf mehr als 2.000 Personen geschätzt. (Zimmermann 1996: 376)

3.1 Die Stellung der Versuchspersonen

Die Zigeuner wurden während des Nationalsozialismus am meisten aus dem humanen Bereich ausgegrenzt. Deshalb war es für die Ärzte klar, wen sie für diese medizinischen Experimenten heranziehen könnten. Die Sinti und Roma-Häftlinge waren jene die für alle möglichen grausamen medizinischen Experimente benutzt wurden. Dies hat sowohl der Nürnberger Ärzteprozess ergeben und wurde durch eine große Vielzahl von Lagerberichten bezeugt.

Die Zahl österreichischer Sinti und Roma die für medizinische Versuche herangezogen wurde, lässt sich nicht abschätzen. Die Transporte, die für die Experimente bestimmt waren, wurden in keinem Lagerbuch eingetragen. Die verschiedenen Lagerberichte, zeigen uns aber, dass viele österreichische Sinti und Roma für Experimente herangezogen wurden. (Thurner 1983: 188-190)

3.2 Nachkriegszeit

In den burgenländischen Gemeinden, kehrten ca. die Hälfte der Verschleppten Zigeuner zurück. Zahlreiche Sinti und Roma hatten Angst vor einer neuerlichen Registrierung. Jene, die den Rechtsweg gingen, erkannten bald, dass die Demütigung die sie in den

Konzentrationslagern ertragen mussten, in den Gerichtssälen wieder aufgegriffen wurde. Die Aussagen der Sinti- und Roma wurden stark angezweifelt, denn die verschiedenen Gutachten wurden von Ärzten erstellt die mit den Unterdrückern ein enges Verhältnis hatten.

Die Mehrheit der Nachkriegsgesellschaft, hatte kein Interesse, der verfolgten Minderheit der Sinti und Roma gegenüber Schuld zuzugeben. Die Sinti und Roma versuchten sich daher anzupassen, um nicht mehr durch Distanzierung und Anderssein, Hass und Gewalt auf sich zu lenken.

In Österreich sind formell Sinti und Roma allen Staatsbürgern gleichgestellt, jedoch wurden sie im Gegensatz zu anderen Minderheiten, weder als eigene Volksgruppe, noch als Sprachminderheit anerkannt. (Thurner 1983: 220-221)

4. Schlussbemerkung

Die Zigeunerpolitik die in der nationalsozialistischen-Herrschaft vorherrschte, sah die Sinti und Roma als eine kulturarme und zu erlösende Bevölkerung. Zigeuner zählten neben Juden, Funktionären der KPdSU, Partisanen, Geisteskranken und sonstigen unerwünschten Menschen auch zu den Opfern der SS-Einsatzgruppen. Sinti und Roma figurierten in dieser kranken Ideologie als rassisch minderwertiges Volk, als Partisanen oder als Spione gegen das Deutsche Reich. In den Lagerberichten, die Heinrich Himmler für die Festigung des deutschen Volkes im Jahre 1939 und 1941 über Polen, Jugoslawien und der Sowjetunion herausbrachte, wurden die Sinti und Roma an keiner Stelle erwähnt. Die Hassbilder des nationalsozialistischen Rassismus hatten in der Realität verschiedene Gewichtungen. Sie wurden als Gemeinschaftsfremde eingestuft. Die Angst die die Nazis gegenüber den Zigeunern verspürten war eine Bedrohung der Zersetzung des deutschen Volkes. Da es sich bei den Sinti und Roma um eine kleine, marginale Minorität handelte und sie nicht als eine einheitliche Gruppen auftraten, fanden sie fast keine Verbündete oder Unterstützer. Gegen ihre Deportation in die verschiedenen Konzentrationslager erhoben sich eindeutig viel weniger Personen als gegen die Deportation der Juden. Das Lagerbuch des Zigeunerlagers in Birkenau zeigte auf, dass Sinti und Roma zu über 60 Prozent aus Deutschland und Österreich stammten. 21 Prozent kamen aus Böhmen und Mähren und nur fünf Prozent aus Polen. 19.300 der etwa 22.600 deportierten Sinti und Roma kamen dabei ums Leben. Die nationalsozialistische Vernichtung der Sinti- und Roma war ein systematischer Mord. Die Gesamtzahl der Ermordeten Sinti und Roma während der Nationalsozialistischen Periode lässt sich nicht präzise bestimmen. Für Österreich wurde eine Zahl von 11.000 Sinti und Roma angegeben. 8.000 von ihnen lebten im Burgenland. Von dort aus wurden im Juni des Jahres 1938, 232 Zigeunermänner nach Dachau deportiert. Im Jahr 1939 wurden ca. 440 Sinti und Roma-Frauen und Kinder in das Konzentrationslager von Ravensbrück sowie 550 Zigeunermänner nach Dachau verschleppt. Bei diesen lag die Todesanzahl weit über den 50 Prozent. Zwischen 1939 und 1945 wurden auch 200 österreichische Zigeuner im Konzentrationslager von Mauthausen festgehalten und auch hier starben weit über 50 Prozent der deportierten Sinti und Roma. Im Spätherbst des Jahres 1941 wurden 5.000 burgenländische Sinti und Roma in das Ghetto von Lodz deportiert, hier überlebte kein einziger. Zwischen 1943 und 1944 wurden 2.900 Sinti und Roma aus der „Ostmark" nach Auschwitz-Birkenau deportiert. Über 80 Prozent kamen im dortigen Zigeunerlager um. Des Weiteren starben 237 Sinti und Roma zwischen 1940 und 1945 im burgenländischen Lager von Lackenbach. Die Zahl der Ermordeten österreichischen Sinti und Roma lag bei etwa 75 Prozent. (Zimmermann 1996: 369-383) Rudolf Höss der Kommandant des Konzentrationslagers von Auschwitz-Birkenau, besagte in seiner Autobiographie, dass die Sinti und Roma nach den Juden und den russischen Kriegsgefangenen am meisten Opfer zu beklagen hatten. Nach Meinung einiger Ziganologen sind während der Nationalsozialistischen-Herrschaft bis zu 50 Prozent der europäischen Zigeuner umgekommen und in Mitteleuropa bis zu 70 Prozent. (Hohmann 1981: 177-178) Die Aufgabe der Geschichte wird es immer sein, die Erinnerungen der Überlebenden festzuhalten, die mehr vom Leben der getöteten bewahren als all jene Bücher und Dokumente, die von den Tätern stammen.

Zusammenfassend gilt zu betonen, dass die deutschen Wissenschaftler und Mediziner damals in einer Welt ohne Werte lebten. Sie sonderten nicht mehr Gedanken, sondern Menschen aus. Das Stigma der Asozialität, das Sinti und Roma heute wie damals anhaftet, gehört zum Erbe des Nationalsozialismus. Über die damalige Judenverfolgung schrieben mehrere Weltblätter und klagten das Naziregime an. Es taten sich aber auch Juden aller Welt zusammen und protestierten. Um das Schicksal der Sinti und Roma blieb es aber still und niemand appellierte für sie. Im Laufe der Auschwitz-Prozesse wurden anhand von Verhören und Befragungen deutlich, dass die Behandlung der in den Konzentrationslagern verhafteten Zigeuner gleich überlegt und erbarmungslos war wie die Aussonderung der Juden.

Literatur:

Hohmann, Joachim S. 1981: Geschichte der Zigeunerverfolgung in Deutschland. Frankfurt/New York.

Lewy, Guenter 2001: Rückkehr nicht erwünscht. Die Verfolgung der Zigeuner im Dritten Reich, Berlin.

Müller-Hill, Benno 1993: Tödliche Wissenschaft. Die Aussonderung von Juden, Zigeunern und Geisteskranken 1933-1945, Hamburg.

Romani, Rose 1999: Den Rauch hatten wir täglich vor Augen. Der nationalsozialistische Völkermord an den Sinti und Roma, Heidelberg.

Thurner, Erika 1983: Nationalsozialismus und Zigeuner in Österreich. Veröffentlichungen zur Zeitgeschichte 2, Salzburg/Wien.

Zimmermann, Michael 1996: Rassenutopie und Genozid. Die nationalsozialistische Lösung der Zigeunerfrage, Hamburg.